U0068959

李提摩太的

雄心報紙膽

施以諾 著

目　錄
CONTENTS

致　謝

謹以本書獻給

我可愛、溫婉的天使——逸珊，

以及養育我的父母。

|林　序|

思古人之幽情

每當有人說我是文字工作者、或新聞工作者時，我就覺得其實我不是。因為我比較自認是福音工作者。畢竟我的出發點是福音，而不是文字。

主要是，上帝讓我會用文字，所以我就用文字傳福音。換言之，如果上帝讓我會演戲、會畫畫、會音樂，我當然就可以用繪畫、戲劇、音樂傳福音了。說真的，我還滿羨慕能用繪畫、戲劇、音樂傳福音的人呢！

李提摩太說：「我仍然不放棄用文字來宣教，因為我知道文字的影響力無遠弗屆。是以我準備了《基督教問答》，到處向人傳福音。慢慢地，有越來越多人接受了我所施行的浸禮，決志信主。

「我知道一般中國人不太可能直接對《聖經》感興趣，所以除了《基督教問答》以外，我又寫了幾本中文的福音書籍，發送給許多人，有了果效後，再慢慢帶他們讀《聖經》。文字，真是我在宣教上的好幫手。

「我曾深入了解中國文化，我發現中國老百姓最崇尚的不是武士道，也不是政治家，而是『學者』。老百姓很尊敬讀書人，深深以身邊的讀書人為榮，這是千百年下來的民族習性，所以只要有越多的讀書人信主，就能影響更多的尋常百姓願意跟著嘗試去接觸福音。用文字來宣教，是很好的方式。」

上述內容可以歸納為四點：

1. 文字的影響力無遠弗屆。
2. 中國人很難直接對聖經感到興趣。
3. 文字，真是傳福音的好幫手。
4. 中國人敬重讀書人，用文字宣教，才能抓住福音切入的線頭。

感謝主，早在一百四十年前，上帝就賜給中國人一位這麼先進、這麼敏銳、這麼有福音方向感與熱誠的傳道人，至今思之，仍令人佩服、汗顏不已！

國人一直相信「眼見為憑，立字為據」，中國人也總是佩服能寫書的人，中國人稱某人「著作等身」，言下是無限的佩服。

而書籍、文字也是我們作古之後，唯一能留給世代子孫的文化遺產。

記得我與丈夫還沒有結婚時，曾一同在台灣大學對面開設「香草山書屋」與「香草山出版公司」，常常在清晨、在深夜，沒有客人的時候，我一邊整理書架，撫觸著志文、九歌、皇冠、桂冠、時報、農學社、遠流、傳記文學等出版社出版的許多文學前輩的書籍，一面不禁發「思古人之幽情」，感嘆許多作者早已離

世（林語堂、胡適、張愛玲、林海音……），
但是他們所留下來的動人篇章，依然影響著世
世代代的讀者。

　　「說真的，我一個英國人在中國辦報，十
分需要『膽識』。先不說我不知道有哪些言論
可能無意間激怒了中國政府、人民，就是在宣
教圈子裡也有人不諒解我，偶有一些其他的宣
教士會在背後質疑我：『李提摩太有那麼多時
間與精力，為什麼不去植堂、牧會？搞什麼文
字工作！』

　　「『為什麼李提摩太的文字常常不敢開門
見山地講聖經？為什麼都要繞個彎才提到基督
信仰？』

　　「我們不只是在賣書、辦報，我們更是在
『救人』；我們出書報的主要目的不是『賺
錢』，而是要『賺靈魂』。」

坦白說，在今天的神學院裡，大家多少還
是有一種作牧師、海外或偏遠宣教士才是首
選，做福音撒種與較間接宣教的工作，是沒有
辦法的選項。

然而，不論是過去在《聯合報》、《天下
雜誌》、《基督教論壇報》，或是現在的《台
灣醒報》，我在近三十年的新聞工作裡，常常
跟基督徒編、採朋友說，我們傳福音的對象與
影響層面，比千百家教會加起來的會眾還多得
多呢！

很可惜的是，李提摩太一百四十年前的辦
報紙、傳福音的觀念，至今還沒有為大多數教
會所接納，不論是差人或差錢，都缺乏當年的
遠見與魄力。

感謝以諾，他自己就是現代版的李提摩
太，雖然是學醫，但是從不停止筆耕，還創辦

「雄善文學獎」獎勵創作；如今，他進一步消化過所有李提摩太的歷史，用極淺白的筆法，第一人稱設身處地的敘述，把李提摩太介紹給大家，實在是意義深長之舉：

原來他不只是自己投入寫作，也請出李提摩太來一起說服教會，希望大家一起「站在李提摩太的肩膀上」，來從事報紙與出版的文字宣教！

我實在不配為這位屬靈巨人的故事寫序，但是我不能推辭以諾的熱情，更非常樂意與以諾一起順水推舟，共以此書推動教會文字事工。所以一收到邀請，就半夜四點起床，仔細閱讀，並立即作序如上。

林意玲
台灣醒報社長

|洪　序|

從李提摩太的文字事工想起

清代末年，文盲極為普遍，宣教士李提摩太即開始報紙的發行——為近代華人的福音文字事工寫下第一頁。當時識字的人幾乎只有士大夫階級，誰會閱讀呢？可以想見「李提摩太辦報紙」這件事當時必然是「不叫好也不叫座」，然而這位宣教士以先知的眼光，看到文字在福音傳播工作上的不可取代性。

李提摩太洞見文字的影響力，透過當時僅有的傳播媒體——紙本，來影響那個世代。時至今日媒體越發多元，但是無論廣播、電視或者網路，「文字」仍然是傳播的基本元素；當福音信息轉化為文字，便透過各式媒體的「載體」，向每一位聽眾、觀眾、網友「說話」。李提摩太昔日的創舉，到二十一世紀的今日影響持續發揮中。

以諾在寫作上的成績有目共睹，更難得的是他對文字事工的負擔：用父母親名字（施達雄、鄭淑善）命名的「雄善文學獎」，意在鼓勵年輕人從事文字創作；當他自李正一社長處聽到李提摩太的故事，即利用公暇提筆撰文，寫得淺顯、流利，且又是典型的「以諾式說故事筆法」，好讓讀者藉由回顧性的紀傳體文字，重回清代末年第一代福音報紙出現的真實景況——這也是這本書之所以出現的原因。

這些都是以諾對文字事工最具體的說明，他所求於自己的不只是把文字寫得好，而是讓文字工作得以庚續永傳。我也帶著期盼提筆寫下這篇推薦序：期待上帝興起更多文字工人，在多元媒體時代，讓文字更有力、更深入地向這個世代發聲、說話。

洪善群
基督教論壇報董事長
空中英語教室總經理

| 曾　序 |

「立言」的好處

　　即使近四十年前當筆者進神學院受裝備時，晚清時稍晚於戴德生五年進中國宣教的李提摩太，他的著重文字工作及接近當朝政治核心人物的宣教策略，已是道碩畢業論文極有價值的熱門論文題目。如今，以諾賢侄因著使命感的驅使，加上近來除了大學教職的正職外，其實他心中真正的託付與歷史使命催促著他要帶動「文以載《道》（基督之道）」的遠見，近日終於出了一本與他志同道合，且神往超過一百四十年的李提摩太小傳。

　　我自己雖受聘擔任中華（台灣）浸聯會的總幹事之職，也僅出過一本記述宣教歷程的書──《宣教二部曲》，但仍樂於以自己是華人基督徒文字工作者之一自居。過去的文字作品，雖以被邀或被逼而寫的居多，但已出版或

已被放在網頁與部落格上的文字作品，偶而再度被人翻閱誦讀時，就會再度活躍在這些讀者的心海之中，這就是中國古人所說的「立言」的好處，也就是所謂的三不朽之一。文字作品在所有撰文者的心目中，其實還真像是自己用筆與心耕耘所生出來的兒女，這樣的心態其實與下田的農夫、果農，當莊稼或水果收成時的心理像極了。極願趁新鮮送上市場，又甚願因見食者眼中露出的喜悅，務農者因而得著滿足與成就感。以諾賢侄真的出過幾本令他與讀者兩相喜悅的好書，現在又多了一本！

李提摩太若是活在今天，他將絕對是位領導當代教會向社會大眾以多管道宣教，甚至是導引執政高層歸向基督，以及令舉國知識分子認識基督的好舵手。讀這小書花您最多一個小時，但絕對值得您付出的每一分鐘及代價。

曾敬恩牧師
中華基督教浸信會聯會總幹事

|盧　序|

他山之石，可以攻錯

今天，當有人提起「戴德生」，相信有不少基督徒會說：「我知道！」

然而，當你談到「李提摩太」，可能大多數的人會問你：「他是誰？」

1870 年，英國宣教士李提摩太來到中國宣教，比起 1854 年來華的戴德生，晚了 16 年。戴德生在華五十一年，以信心原則成立中國內地會傳福音；而李提摩太在華也有四十五年，先以施藥、賑災，後以文字宣教為主。

雖然如此，這兩位清末來華的西方宣教士，他們所奉獻的心力，卻已分別在中國，這個原本陌生的東方國度，烙下了不可磨滅的印記。

回想 1983 年，我從神學院畢業時，論文的題目就是：《戴德生與李提摩太在華傳教方法的比較研究》。可巧的是，現今我一方面在教會牧會，另一方面，也在福音機構從事文字宣教的服事。

但遺憾的是，今天坊間有關戴德生的著述雖不算很多，但很容易找到；而有關李提摩太的傳記，卻是少之又少。很高興見到施以諾的新書《李提摩太的雄心報紙膽》出版，特別是選擇在李提摩太來華宣教一百四十週年的日子。

大凡一位傳道者，就應該是時代、社會、人心動向的敏銳嗅覺者，更是最踏實的務實主義者。李提摩太正是這樣的一位，他的做法上，具體來說就是「福音預工」；他認為首要之道，就是要透過文字，來消除一般人對耶穌的陌生感或排斥感。

　　看完施以諾的新書，我特別喜歡全書後面的「附錄」：

　　〈站在李提摩太的肩膀上：李提摩太留給二十一世紀的省思〉。

　　八點省思將會是我們在宣教規劃中，極具座標參考作用的羅盤；也是每位傳福音的基督徒，可以作為自我攻錯的他山之石，且是可以抓準航向的正確地圖。

盧邦賢 牧師
宇宙光全人關懷機構文字部主任

|導　讀|

雄心報紙膽：遇見李提摩太

「李提摩太」是誰？我想大概很多人沒聽過。別說一般人了，就是許多牧者可能都沒印象。

我是一個精神科的治療師，目前的專職是在大學醫學院裡教書，但我很鍾情於文字事奉。記得幾年前，我曾請教華宣出版社的李正一董事長：「好像沒有哪一個宣教士的專長是做文字事奉的哦？」李董事長說：「有呀！『李提摩太』啊！」

我心裡頓時有些慚愧，因為，誰是李提摩太啊？我在那之前根本連聽都沒聽過。

後來，在我多方查考李提摩太這位宣教士

的歷史資料後，對他竟有一種很濃郁的「親切感」！我發現，我和他有許多的巧合。

首先，我們都是浸信會會友；

再者，我們有同樣的抱負──都盼望用文字來影響這個社會；

第三，我們的太太都精通音樂，且她們同樣都是長老會背景；

更有趣的是，我跟我太太婚前各自所屬的教會（景美浸信會、雙連長老教會）裡的社青助道會、團契名稱都是「提摩太」，巧啊！

唯一最不同的，大概是李提摩太讀的是神學院，而我過去念的是醫學院。不過，李提摩太雖未曾在醫院執業過，但他曾帶藥去幫助窮人，某種程度上也算是曾經執行治療行為，是以又縮小了我們在這點上的差異。

　　因著以上這五個巧合，讓我對李提摩太有股莫名的親切感。

　　李提摩太於主後 1870 年來華宣教，今年（2010 年）是他來華宣教一百四十週年！世人很容易記得馬禮遜、加爾文的重要年分，但很少人會想到今年是李提摩太這位傑出的宣教士來華宣教一百四十週年。李提摩太在華施藥、著書、辦報，這位與戴德生同時期來華的英籍宣教士，對華人社會的整體貢獻並不亞於近代任何一位外籍宣教士。

　　這本《李提摩太的雄心報紙膽》就是為了紀念李提摩太來華宣教一百四十週年而寫的。為有別於其他的李提摩太傳記，這本小書採「第一人稱」的說故事寫法，讓讀者聽李提摩太親自說故事。當然，李提摩太不可能是「聖人」，在他事奉的過程中也必有掙扎與軟弱，是以我依史料去「揣摩」李提摩太當下的

心境，以「類小說筆法」融入了許多「內心戲」，但書中所有提到的歷史事件、人物和年分，都經過再三的考證。若您發現仍有郭公夏五、郢書燕說之處，也歡迎來信指正。

本書接下來的內容為：

而書末的附錄〈站在李提摩太的肩膀上〉，裡面有幾個信仰生活的討論題目，非常適合作為教會小組討論、小組聚會之題材，歡迎您視需要而使用。最後，我要特別感謝我可

愛的天使——逸珊，以及我所摯愛的父母，他們給了我一個溫暖的家，讓我下班回家後有愉快的心情去寫作；也謝謝主流出版社的鄭超睿社長和洪懿諄主編在出版過程中所付出的辛勞；此外，也要感念已逝的前台灣福音證主協會負責人——溫淑芬姊妹，當我查考一些李提摩太對中國大陸所進行文字宣教工作的歷史文獻時，腦海中常浮現出溫姊妹生前的貢獻與身影，若不是她英年早逝，我一定懇請她為這本書寫序。

接下來，就讓我們穿越時光，回到公元1919 年的英國，聽聽李提摩太親自回顧、述說他這一生的故事！

施以諾

輔仁大學醫學院職能治療學系專任教師

萬芳醫院精神科兼任治療師

基督教「雄善文學獎」創辦人暨主席

李提摩太與同工

🍇 第一章　當年

我還是決定要去中國！我認為，年輕人就該有雄心
去為主作大夢！

　　窗外，來來往往的人、車穿梭行進著，北
倫敦街道上的景物，對我這個已七十四歲的
老人家而言，是如此熟悉，卻又如此陌生。
或許是我此生待在英國的時間實在不多，我的
心，還遺留在那個我年少時即響往的東方國
度……。

　　我本名是 Timothy Richard，中文名字叫
「李提摩太」；我是個白皮膚、藍眼睛的英國
人，但到了後來，我骨子裡幾乎成了個華人。
我此生一切的記憶，此刻在腦海裡仍是如此地
鮮活，我願意與大家分享我這一生的故事。

一切或許該從我的家庭說起。公元 1845
年，我出生在英國南威爾斯的一個小村落裡，
我爸爸是一位農夫，也是當地浸信會的執事。
我跟大部分的孩子一樣，有著無憂無慮的童
年，有愛我的父母。我父母對信仰虔敬的身
教，對我有著很深的影響。

1865 年，我進入 Haverfordwest 浸信會神
學院就讀，同學、師長們都待我不錯。1868
年，我聽了一場演講，而我萬萬也想不到，
當天的那場演講，就此改變了我的一生！當
天的講員是「內地會」的魁麗思夫人（Mrs.
Grattan Guinness），她在台上分享中國宣教的
異象與需要。不知道為什麼，她的聲音明明很
柔和，在我聽來卻是那麼樣地有力，不斷激盪
著我的心弦，我聽得好感動、好感動；她的每
一句話都深深觸動著我，她在台上一邊講，我
在台下一邊哭，我深刻地意識到，上帝正藉由
她對我說話。

在神學院唸書時，我的希伯來文學得非常好，好到甚至拿了獎！希伯來文學得好，是很吃香的，因為這有助於繼續研讀神學，成為神學學者。對一個神學生而言，未來若當成為神學家，似乎是不錯的選擇，因為生活穩定、受人尊敬。雖然希伯來文是我的強項，但我並沒有想要成為神學學者，因為我已決定要到東方的中國去傳福音，去那個完全用不到希伯來文的地方。

從小，很多人形容我「乖」，但好像也不盡然，特別是在生涯規劃上。

神學院畢業前後，英國威爾斯當地有兩間教會準備聘請我當牧師，浸信會教派裡的長輩建議我在這兩間教會中擇一，這也是許多畢業生視為理所當然的選擇，但我拒絕了！我沒有聽從長輩的建議，因為，我還是想要去中國，去那個我所熱愛卻也陌生的國度宣教。

一開始，我去拜會「內地會」，表明我想去中國宣教的心志，但內地會建議浸信會神學院畢業的我，不妨去找英國「浸信會差會」（Baptist Missionary Society），這確實也是個不錯的方向，於是我也向浸信會差會闡述了我的異象。後來，浸信會差會找我去面談，他們聽了我想去中國宣教的異象後，表示願意支持我的異象。然而，在我要出發前，卻有長輩嚴肅地對我表示：

「年輕人，你要去中國宣教當然很好，但是，你要保證你十年內不能結婚！結婚雖是好事，但中國現在的局勢很亂，去那種地方宣教，身邊若帶有家眷，會很不方便。我希望你在十年內不會結婚。」

我對長輩們的看法不以為然！他們是我所敬重的牧長，但我認為這所謂「去中國宣教，十年內不宜結婚」的說法或許有理，卻不是源

自聖經的真理,只是他們個人的屬世經驗!我說:

「對不起,我很想被您們差派去中國宣教,但我拒絕受您們的條件約束!我 Timothy Richard 要在十天之內就閃電結婚、或是十年以後才結婚,完全要看『對未來屬上帝的宣教事工有否幫助』,而不該是『被長輩過去的人生經驗所約束』。我知道您們的考量也許有道理,也是出於您們過去的種種經驗,但這經驗只是『人的經驗』,我想『神的智慧』遠遠高過人的智慧與經驗,祂知道怎麼樣對我最好。」

所以,我又一次拒絕了長輩所給的建議。

許多同儕覺得我的做法很「帶種」,驚訝於我一個二十幾歲的小伙子,竟敢一再地不把長輩的人生意見放在眼裡,但我覺得我只是對

正確的事有所堅持。後來，我在九年之後、也就是在十年之內結了婚，我的婚姻不但沒有如某些長輩所憂慮的成為我的包袱，反而成為我的幫助。這是後面才要談的事了。

所以，您說我「乖」嗎？當然，每個人對乖的定義都不一樣，但當年的我，從來就不是那種會對長輩的人生經驗談唯命是從、照單全收的年輕人。

漸漸地，我身邊的人都知道我要去中國宣教的異象。

「哦！年輕人，中國很亂啊！你要小心啊！他們二十幾年前還跟我們英國打過仗啊！」「中國是一個很落後的地方啊！」親戚這樣告誡我。

「Timothy，你真要去嗎？中國人對宣教

士很不友善喔！」「你的希伯來文學得這麼好，怎麼會想要去『中國』這樣一個完全用不著希伯來文的地方呢？再禱告、禱告吧！」同輩也這樣勸我。

但，我還是決定要去中國！我認為，年輕人就該有雄心去為主作大夢！就該有雄心去為主成大事！

終於，我要出發去中國了，去那個我所嚮往的國度宣教！那一年是 1869 年，我二十五歲。

出發那天，爸爸坐火車到利物浦港，要送我上船。他一個鄉下人千里迢迢地趕來送我，我既感動又不忍。

看著爸爸那略駝的身影，我心頭忽然一揪：「爸爸很少到都市，他等一下知道怎麼

自己搭火車回南威爾斯嗎？萬一迷路了怎麼辦？」於是，我沒有讓他看著我上船，反而送他回去搭火車。我陪著他一路上講了好多話，但，我覺得這段路程過得好快、好快。

臨別前，我看著爸爸，這個我最親愛的家人，我的眼眶紅了。我不知道，這一去中國，要多久才能回得來？我回來時，他的頭髮不知道會白多少？他，那時還會健在嗎？不久後我一上了船，這輩子會不會就再也沒機會見到他了？我不忍心再想下去。

在船上，我認識了一位喬治牧師，他也在中國宣教。他真是個熱心的好人，在我學習中文方面給了許多寶貴建議，對我的幫助甚大！幾個月後，我們的船終於到了中國的上海，開始了一連串的宣教行程。

首先映入眼簾的，是一群迎面而來的光頭

人，喔！不！不是光頭，只是他們都把前半部的頭髮剃了，又把後面一小撮給綁成辮子，就像傳說中的那樣。

「這真是另一個世界啊！」我震撼地看著這我全然陌生的國度，以及這群與我的文化背景截然不同的人們。看著看著，忽然覺得他們好可愛。

我該怎麼向他們傳福音呢？我聽說，中國人愛文字，深深以他們的文字為榮！的確，中國字真美，每個字寫起來都像一幅畫那樣美！也許，我們可以透過文字向他們宣教。

感謝旅途中喬治牧師的幫忙，以及其他同工的協助，這段時間下來，我的中文被訓練得不錯，就像我當年學希伯來文一樣，學得快、學得好。

24 歲時的李提摩太

第二章　宣教

一個鄉民竟拿著馬鞭出來驅趕圍繞著我的眾人，口裡直嚷嚷著「洋人都不是好東西」，要大家離我遠一點。

　　1871 年，我跟幾個夥伴，推著一車的中文福音書，準備要用文字向中國人傳福音。然而這是件不容易的事，而且那時我們選到了一條「錯路」！走到了一半，我們才聽說那是一條土匪、強盜很多的路，但都走了一半了，其他的路線我們也不認得，只好硬著頭皮繼續走下去。果不其然，我們這一路上，百姓沒遇上幾個，倒還真的先遇上了一群搶匪，嚇得我直打哆嗦。

　　「喂！你們這批貨是什麼？全交出來！」
「你還跟這群洋人講北京話？！他們又聽不

懂！把車上的值錢貨給直接搶來就是了！」一群彪形大漢向我們大搖大擺地走來。

我嚇壞了！我在南威爾斯，從沒看過如此充滿殺氣的搶匪。

「我們賣的只是書！」我用中文大聲喊著！他們全愣住了，你看我、我看你，一個個圍了上來，「呦！可真稀奇！洋人會講北京話？」「賣書，真的假的？賣什麼書？」

「我……我賣的是勸人行善的『福音書』。」我承認，看到一群拿著大刀的人站在我面前，我很害怕，話講得吞吞吐吐的，但還是繼續解釋：「曾有一位耶穌來到世上，祂為我們死……。」他們聽得一頭霧水，我忽然靈機一動：「要不要我送你們幾本回去慢慢看？」他們笑了！直虧我：「土匪還能識字嗎？」說完，對那批貨物毫無興趣的他們，便

揚長而去，留下我們和那一車的書。我不知道我那時講的話，他們有沒有聽進去？

過沒多久，我們來到一個小鎮，找了個地方住下，一個雖不大、但可容身的住所，雖沒有我英國的老家舒服，但我十分珍惜。鎮上的人沒見過英國人，一群人圍了上來，好奇地問：「來幹什麼啊？」我回答：「來賣『福音書』。」

但我馬上感受到，對我反感的中國人，似乎比對我好奇的中國人更多！當我用心地與幾個當地人自我介紹時，一個鄉民竟拿著馬鞭出來驅趕圍繞著我的眾人，口裡直嚷嚷著「洋人都不是好東西」，要大家離我遠一點。我想和他講道理，但他不聽，慢慢地，我發現有不少人對我的看法同他一致，這或許和西方人曾接連對中國發動戰爭有關。

這天，我在想，該怎麼樣讓中國人接受福音呢？中國人尊重讀書人，如果能有更多的讀書人、高官願意先接受福音，是不是這些市井小民也就會接受了？我邊想邊走回我的住處，看著路上人來人往的中國人，雖然他們大多都還很排斥我，但我已經決定，我要為他們犧牲奉獻！畢竟這是我當初來這兒的理想。

走著走著，路上陸陸續續遇到幾個中國人，一看到我，就抿著嘴笑。我越往前走，聞到的臭味越重，「這是怎麼回事？」當我回到家門前，「喔！主耶穌啊！」眼前的景況讓我難過地在心中吶喊著，眼淚幾乎要奪眶而出。我那小屋的門上被人塗滿了糞便！一陣陣的惡臭，讓我難以忍受。

看著被潑在門上的糞便，我十分憤怒！我氣得全身微微顫抖，雙手拳頭握緊，紅著眼，看著四周那些正在圍觀、訕笑的中國人。「告

官府嗎？」我心裡知道官府也不一定會理我這個英國人。我瞪著眼，喘著大氣，進到屋裡。

「回家吧！」有個聲音響起。「回家？」是呀！我想起了我可愛的家，那個可愛的農場。小時候，我養過一隻可愛的豬，還養過狗。我媽媽廚藝很好，我好想念媽媽燒的菜；我爸爸也很疼我，他當時還依依不捨地為我送行。在英國，我還有好多好多愛我的好朋友，有好多好多賞識我才華的長輩。

「回家吧！」我開始在心裡這樣告訴自己。「好！我明天就走！爸爸媽媽看到我回南威爾斯，一定很高興。這群中國人？沒救了！愚民！不配獲得我李提摩太的幫助。」我心中暗暗下了決定。

那天晚上，我躺在床上，忽然，有另一個聲音如雷般地對我說：「你們若單愛那愛你們

的人，有什麼可酬謝的呢？就是罪人也愛那愛
他們的人。」好熟的一段話……啊！是《聖
經》上的話呀！剎那間，我又流下了眼淚。

之後，我仍舊決定留在中國。好幾次每當
我陷入低潮、挫折時，都再次從讀經、禱告
中，找回了力量與方向。

又過了一段時間，我認識了一位河南來的
千總（編者按：清代下級武職），他是一個很
可愛的人，在聽過我幾次講道之後，大受感
動，便決定信耶穌。

我決定幫他施行浸禮，這是我們浸信會的
傳統。哈哈！那天可熱鬧了！一早，我就聽到
有鎮民嚷著：「嘿！聽說那個『洋和尚』待會
要把咱們千總整個人給浸到水裡，然後再拉出
來！」「幹什麼？施行法術嗎？」「可得去瞧
一瞧。」圍觀的人可多著呢！我也趁機向圍觀

李提摩太度過童年的農莊

的人解釋浸禮的意義，讓他們知道，曾有一位耶穌來到世上，為了愛我們，肯為我們而死。

在中國越久，我越能體會到佛、道教在這塊土地上的影響力！中國人民為什麼這麼喜歡佛、道文化？這點我一直很納悶。

於是我開始去研究他們的佛經，甚至，我曾經自願進入當地某一知名寺院裡去住了足足一個月！許多人認為我瘋了！一個宣教士，怎麼可以到那種「不潔淨」的地方裡去呢？我倒不這麼想，因為我們的上帝無所不能、無所不在，難道那些廟宇的所在地不屬於上帝的「勢力範圍」嗎？沒有這種事！是別的靈應該忌憚我們的來到。

在那一個月裡，我體會到其實佛經中許多內容不是一無可取，都是勸人向善的；更可貴

的是，那些僧侶的心裡都是「敬天」的，只不過他們不認識真神，拜錯了對象。那些僧侶不該是我們宣教士的敵人，而該是我們宣教士傳福音的對象，讓他們有機會可以認識真神。

後來，我聽到和尚們頌經的聲音，我發現這種中國風的旋律聽來滿悅耳的，難怪中國人民會喜歡聽嘛！只是他們拜錯了神。於是，我把那些曲調用筆記下來，回去以後，重新填詞，撥亂反正，把它們改編成基督徒的讚美詩歌，用來在會堂裡教中國人民唱。

然而，我上述的種種做法讓部分的宣教士極不諒解！他們認為我太離譜，把我給歸類為「自由派」，對我個人有許多誤解。現在回想起來，我必須承認自己當時的做法也許不是全然得體，也或有可商榷之處，但我的動機只是想親近那些信佛、道的人，想帶領那些信佛、道的中國人歸向主。我的出發點是好的，我的

動機也是單純的,否則,如果不是為著愛主的原故,以我過去優異的成績與表現,大可以留在英國過舒服、穩定的日子,不必犧牲自己原先的生活,遠渡重洋地來到中國。您說是嗎?

我有一位好朋友──李修善(David Hill)宣教士,他也是英國人,但能寫得一手好中文,我們曾有好幾次同工的機會。我們同樣感受到,當時部分中國人們很排斥西方文化,連帶地也不喜歡基督信仰,或許是因為被西方人連年入侵所產生的民族自卑情結,而讓他們有這樣的反應。事實上,是善意的,宣教士來不是要來侵略中國人;但要讓他們接受我們,首先要先讓華人不排斥西方文化。於是,1879年,李修善牧師辦了一個徵文比賽,鼓勵中國的讀書人們想想西方文明對中國的益處,我實在贊同這個巧妙的破冰方式。

李牧師一共訂出了六個徵文題目,其中某

個題目拿下第一名的，是一位來自平陽的秀才，名叫席子直，他文章寫得真是好！但後來深入瞭解後，我們才知道，這位秀才席子直竟是一個為鴉片所苦、毒癮很深的青年，而他自己也知道這樣不好，卻始終走不出來。於是，李修善牧師在他身上下了不少功夫，並常常為他禱告。經過李牧師的一番努力之後，這位愛吸鴉片的席秀才果然成功地戒除了毒癮，也成為一名基督徒，並痛改前非，還就此把自己的名字給改成「席勝魔」，意思是「靠著信仰，我已勝過了魔鬼的轄制，擺脫了鴉片的束縛」。後來，我在中國宣教時，常聽人提到這位「席勝魔」的大名，他加入了以戴德生牧師為首的「內地會」，並常用自己的見證和信仰的力量，去幫助那些受毒品箝制的人民走出來。我還真是想不到，一個小小的徵文活動，竟間接帶出了一位被主所重用的中國青年！

第三章　賑災、施藥

我這兒還有些藥，便給他送了過去……，我後來
才知道，這個人在朝中是個大人物，名叫「李鴻
章」。

在中國，我也目睹了我在英國家鄉一輩子
看不到的恐怖景象！那幾年，中國北方遭受旱
災，我親眼看到了許多災民的慘況，聽說在某
些地方還出現了人吃人的事件，讓我震撼、心
疼不已。我想辦法向英國的朋友們要求一些物
資，他們沒多久就會寄過來，但仍需要一小段
時間；好在中國當地也有些有錢的大戶人家，
願意發放物資給同胞們，這還是個很有人情味
的國度。

那天，我正在休息，忽然間，同工神色匆
忙地衝進來對我說：「李教士，不好了！外面
出了大事了！」我趕忙跟著他出去，那真是令

人難過的場面！原來，一名富翁好心地要施捨物資給災民們，但災民們實在太餓了，全部一擁而上！有好幾個人就這麼活生生地被人群踏死，受傷的更是不計其數，傷亡者中還有不少是我曾遇見過的熟面孔，我真的很難過。

我也開始擔心：「如果英國的救援物資來了，我該怎麼發放？神學院裡有教我真理，有教我希伯來文，可從沒有教過我要怎麼在這種場合裡發放物資啊！」我只有禱告，祈求上帝給我智慧，偶然間靈光一閃，我想到了《聖經》裡「五餅二魚」的故事，耶穌在分餅時，叫大家一排一排坐好，「這或許是個可以參考的點子！」我在心裡這樣對自己說。

於是，當我要發放英國來的救援物資時，要大家務必先一排排坐好，不准隨意起身，否則我就不發。果然，當天的秩序出奇地好！因著大家被規定一排排坐著，是以再也沒有推

擠、人踩人的嚴重問題發生，當地中國人問我怎麼能想得到這個點子，我只笑笑說：「我是學耶穌的。」

發完物資後，災民中有人問我：「天一直不下雨，我們該怎麼辦？」我也不知道該怎麼回答，於是，我只好帶領大家一起禱告。想著災民們的苦，禱告到激動處，我哭了！一般中國人通常不願意跟著我們這些外國宣教士一起禱告，總是喜歡在一旁批評我們是「洋教」，但那一天，每一個人都相當安靜，甚至有人附和我的禱詞。我真感覺到是聖靈在他們心中動工。

我和同工們繼續努力賑災，感謝主，果真幫助了許多災民度過難關。

我在中國還認識了另一位宣教士——巴醫師，我們曾經一起帶著藥，四處去幫助當地

人。我必須說，中國鄉下的醫療水準真差，沒
有好大夫，因此，我們的到來對當地人甚有幫
助。我們帶著藥連跑了幾個地方，有回投宿客
棧，店主竟堅持不收錢，對我們說：「兩位先
生行醫救人，都為行善，我們怎能收您們的錢
呢？」語畢，又看著我，對我說：「去年曾聽
先生講道，很有感觸啊！」他的話讓我覺得很
安慰，因為我知道救災、施藥固然重要，但傳
天國的福音仍是我的首要任務。

　　又過了一陣子，我聽說有位高官在煙臺和
英國政府交涉，他的屬下許多人患了霍亂和
瘧疾，我這兒還有些藥，便給他送了過去，
他好感動，直對我說謝謝，我後來才知道，眼
前的這個人，在朝中是個大人物，名叫「李鴻
章」。那天見面以後，一直到後來，我都還和
他保持著互動。

　　我一直在中國各地行走，又有一次，我需

清末重臣李鴻章

要一個棲身之地,仍有居民反對我這個外國人住在他們當中,可是,這回不一樣了!許多村民站出來表示願意接受我,還有位官府的錢師爺願挺身而出為我作保,地方官便告訴那些反對我的居民:「這洋人行醫救人,沒什麼害人之心,他要住下來也沒什麼不可以。」

但還是有中國人就是不喜歡我們西方人,偶爾會為難我,甚至在我背後造謠、中傷我,說我是來誘拐小孩子的,這根本是無中生有的事。官府特別為了我發了道告示:

「西人傳教為善,本係一大善舉,有敢借端造謠生事者,嚴辦不貸。」

此告示一出,許多受過我幫助的居民也為我高興!我想起了當初曾有居民們在我門上塗糞,要轟我走,現在,中國人肯接受我了?一陣複雜的情緒湧了上來,我看著告示,嘴裡滿是笑,眼裡盡是淚。

第四章　文字的力量

1892 年北京的順天鄉試，上帝為我開路，竟讓我有機會贈送我所寫的《救世教義》給每一位考生。

我仍然不放棄用文字來宣教，因為我知道文字的影響力無遠弗屆。是以我準備了《基督教問答》，到處向人傳福音。慢慢地，有越來越多人接受了我所施行的浸禮，決志信主。

我知道一般中國人不太可能直接對《聖經》感興趣，所以除了《基督教問答》以外，我又寫了幾本中文的福音書籍，發送給許多人，有了果效後，再慢慢帶他們讀《聖經》。文字，真是我在宣教上的好幫手。

喔！忘了告訴各位，1878 年 10 月我在中國結婚了！我和妻子是在煙臺相戀、結婚的。

1884年的李提摩太夫婦

我是浸信會會友，而我的太太則是長老教會出身，她是蘇格蘭人，熟諳音樂，也讀得懂一些中文字。這真是上帝為我預備的好姻緣！我好愛好愛這個女人，她是那樣地可愛與體貼。婚姻不但沒有造成我事奉上的負擔，反而成為我的幫助與祝福。那一年，我三十三歲，是我在中國的第九年。

在中國的那幾年裡，我也結交了很多中國當地的士紳朋友，我們合作得很好，許多的文字作品，常常是我口述，他們就為我寫下來，我也就這麼出了好多本中文福音書籍，分送給各地士紳。其中有幾個讀者很特別，例如有位叫「張之洞」的，嗯，他一開始非常討厭我們這些外國人，認為我們都是「侵華分子」，圖謀不軌，後來，我去與他懇談，並給他看了我寫的福音書籍，據說他大受感動。義和團起義時，原本討厭我們這些西方人的張之洞，竟挺身而出保護長江一帶的所有宣教士、西方人，讓我很感動。

但我不得不承認，我在中國宣教時也常感到委屈。例如，曾有一位在內地很有影響力的宣教士，他很不喜歡我，對我過去的某些做法有很深的誤解。有時，我覺得我們應該一起同工，畢竟我們都是基督教的宣教士，但他不願意，甚至不准許他底下的同工與我個人有往來。我很想向他據理力爭，可是想起了《聖經》中的教導：「不要自己伸冤，寧可讓步……因為經上記著：『主說：伸冤在我。』」於是便打消了與他抗辯的念頭。

誤解我的人其實不只一、兩個，曾有人建議我，該與那些誤解、詆毀我的人抗衡到底！畢竟支持我的人也不少，我的學問也絕不比那些人差。然而，我堅持「讓上帝得榮耀，比為我自己討公道重要得多」，選擇不多加抗辯。

許多人說我這麼做很「傻」，但我卻相信「使人和睦的人有福了」和「不要自己伸冤，寧可讓步」這兩句話。

不過，也感謝主，不與人爭競，反而有更多的時間從事翻譯和文字事工，這是意外的收穫。

後來，我又因緣際會地碰到了之前因施藥而認識的那位大官——李鴻章大人，談話過程中，李鴻章問了我一個尖銳的問題：「你們基督教只談永生。請問，如果我讓你在國內宣教，對我大清朝有什麼好處？基督教對大清朝能有什麼立即的好處？」當然有啊！信耶穌除了可以得永生以外，在世也可得福氣、恩典；一個國家越多人信耶穌，這個國家就會越蒙福！然而，我相信李鴻章大人的疑問，可能也是許多中國讀書人共同的疑問，於是我有感而發，寫了《救世教義》一書。

曾有人質疑我，說我在中國用寫書的方式來傳福音很不實際！「中國明明一大堆人不識字，你竟還用文字來宣教？」「中國低下階層

的人都是文盲，你用文字來宣教，對那些貧苦的中國人民有什麼益處？」然而，我不這麼想，我曾深入了解中國文化，我發現中國老百姓最崇尚的不是武士道，也不是政治家，而是「學者」。老百姓很尊敬讀書人，深深以身邊的讀書人為榮，這是千百年下來的民族習性，所以只要有越多的讀書人信主，就能影響更多的尋常百姓願意跟著嘗試去接觸福音。用文字來宣教，是很好的方式。

很奇妙，1892 年北京的順天鄉試，上帝為我開路，竟讓我有機會贈送我所寫的《救世教義》給每一位考生！我真是希望，我的文字能領更多人歸主，讓更多人知道福音的好處。我也深深相信透過福音的文字，可以使中國人更好，也使中國更好。

🍇 第五章 廣學會與我

我一個英國人在中國辦報，十分需要「膽識」。

不久後，我又受邀作了《時報》的主筆，這又是一個用文字來宣教的大好機會！我很開心地接下了這個職務。

1891 年，「同文書會」的創辦人兼第一任總幹事韋廉臣（Alexander Williamson）牧師過世後，董事會推舉我繼任「總幹事」一職。「同文書會」是一個在基督教文字出版方面著力非常深的機構，後來，我將之改名為「廣學會」，其名稱意涵是「廣傳福音，推進學術」；而我們「廣學會」各事工中最有影響力的，大概就是我們所發行的《萬國公報》了！

這份《萬國公報》原名是《教會新報》，後來才改名。改名為《萬國公報》這麼一個較通俗的名字，無非是希望能接觸到更多非基督徒，讓他們接觸到福音。這份報紙原是由林樂知（Young John Allen）牧師所創辦，林牧師素有「教會報人」之稱，我接任廣學會總幹事之後，自然也有責任將《萬國公報》繼續發揚光大！

感謝主，經過多年的努力，這份《萬國公報》成為晚清時期的各教會報刊中，發行時間最久、影響力也最大的一份報紙。

為什麼我「敢」說這是晚清時期影響力最大的教會報刊？有好幾個例子可以說明。好比說。當時有位年輕學者梁啟超先生，在其所撰的《西學書目表》中，曾將《萬國公報》給列入其中，並大大稱揚其影響力；還有位名叫孫逸仙的基督徒，曾在 1894 年投書我們《萬國

公報》，寫了篇〈上李鴻章書〉，引起朝野一陣譁然！他是清廷的頭痛人物，後來還開始從事革命。說真的，雖然我和他一樣都是基督徒，但我從未想過要推翻清朝；我希望能幫助當時的光緒皇帝改革，讓皇室繼續存在，但能革新成為像日本、英國那樣的君主立憲國家。這一方面，康有為先生的想法與我一致！當然，我最終的目的，還是希望清皇朝漸漸西化了以後，也能進而對基督信仰有更高的接受度。雖然，我與孫先生的理念不盡相符，然而，我覺得他在投書《萬國公報》中所提到「人能盡其才，地能盡其利，物能盡其用，貨能暢其流」那番話，其實相當有內涵！這點我是肯定他的。

梁啟超先生對《萬國公報》的公開讚揚，以及孫逸仙先生選擇用《萬國公報》作為發聲的平台，在在顯示這份報紙在當時的分量與影響力！甚至日本天皇和內閣官員們，亦透過

上海的日本領事館向廣學會長期訂閱《萬國公報》。

除了《萬國公報》以外，公元1894年，我又把我在《時報》的專欄文章給出版成書，名為《時世評論》，希望這本書能影響更多的中國人。

我們並更進一步在北京、瀋陽、天津、西安、南京、煙臺等地，開設了自己的書刊發售點。在我擔任廣學會總幹事的二十五年間，廣學會出版了兩千種書籍和小冊子，成為當時中國極具影響力的出版機構之一！張之洞還曾經撥款一千兩資助廣學會，讓我很感動。

說真的，我一個英國人在中國辦報，十分需要「膽識」。先不說我不知道有哪些言論可能無意間激怒了中國政府、人民，就是在宣教圈子裡也有人不諒解我，偶有一些其他的宣教士會在背後質疑我：

「李提摩太有那麼多時間與精力,為什麼不去植堂、牧會?搞什麼文字工作!」

「為什麼李提摩太的文字常常不敢開門見山地講聖經?為什麼都要繞個彎才提到基督信仰?」

他們的批評與眼界,我甚不以為然!

第一、誰說要事奉主,就一定只能做教堂內的服事?為什麼要把信仰與事奉定義得那麼狹隘?

中國人民很聽士大夫階級的話,我從事文字工作,若能影響中國知識分子,就能影響更多的百姓,這不也是一種宣教嗎?我很肯定他們對植堂與開拓的用心及愛心,我認為「植堂」、「牧會」必須有人去做,也非常值得去做,我以前也常去做,但這絕對不是唯一值

得去做的事，絕對不是唯一的選項。文字，也可以是另一種很好的宣教工具，就像《聖經》上說的：「萬事都互相效力，叫愛神的人得益處。」

第二、若能開門見山地講聖經當然好！我何嘗不想啊！但一般中國人一向視西方人為侵華分子，對我們的信仰更是潛意識地加以排斥。換種方式切入，慢慢帶入聖經的信息，反而更有果效，更能軟化他們的心。

面對別人對我從事文字事工的誤解與批評，要能心平氣和地面對他們，還要能繼續堅持下去，就真需要點「膽識」了呀！我也感謝上帝呼召我做這樣的事工。我常對我們的同工說：

「我們不只是在賣書、辦報，我們更是在『救人』；我們出書報的主要目的不是『賺錢』，而是要『賺靈魂』。」

　　說真的，在我離開英國來華之前，絕對無法想像，我李提摩太一個英國人，竟能在中國用中文來宣教！在我任職廣學會總幹事的那幾年當中，美國的喬治亞大學和布朗大學分別授予我「神學博士」和「榮譽博士」的學位，說真的，這些虛名對我來講本算不上什麼，然而我也必須承認，處在中國這樣一個尊重士大夫的傳統國度裡，我的「博士」頭銜讓我在向中國人民、高官傳福音時，更具有說服力。

　　除了我以外，在這期間，我那可愛的太太也很不簡單呢！她和幾個朋友成立了「天足會」，勸禁纏足，幾年下來，成效竟也不差喔！

1899 年 2 月發行的《萬國公報》

第六章　太后與恭親王

果然，這個人氣宇非凡，當天雖有七位大員一起接見我，但我一看，便知哪位是恭親王了！

1893 年，我出版了一本有史以來最精美的中文《聖經》！那一年，是中國皇太后的六十歲生日，朝野都在慶祝。

所以我們特別募款，特製了一本《新約聖經》，那本聖經真的非常漂亮！有多漂亮呢？它有四磅半重，用白色綢緞為書頁，四周印上金花；封面是純銀打造的，上面刻著幾隻鳥和一叢竹，鳥代表信徒，竹子代表著「竹報平安」。一本非常精美、非常昂貴，卻也非常有中國藝術風味的聖經。

為了表示我們的慎重，我們還特別準備了一個精緻的松木框子，裡面是個紅色的絲絨框

子，再裡層是閃爍耀眼的銀框，銀框中就放著我們那本《新約聖經》，襯托著這本著作的重要性，誠心獻上，當做送給皇太后的禮物。

在同工們的推舉之下，內人寫了篇賀詞，由我翻譯成中文，祝賀皇太后生日，並祝福她能得到屬靈的祕訣，國家繁榮富強。

看著這本可能是人類歷史上最精美的中文《聖經》，以及我所精心寫下的賀詞，我對它們滿懷期待！無奈，據說皇太后只把它當成藝術品珍藏，《聖經》裡面的內容卻是看也不看！我聽到這個消息，心裡覺得有些挫折、沮喪。我相信，如果太后肯看《聖經》，並努力實踐當中的話，中國一定會更蒙神的賜福。

1896 年，我又再次經歷一件令我印象深刻的事。由於我實在希望清朝能對宣教士採取更開放的態度，我透過關係，晉見了他們的

「恭親王」——愛新覺羅奕訢。我一開始不知道他是誰、在皇族間有什麼樣的分量，直到有人跟我說：「李教士，您知道嗎？這恭親王奕訢可是『帝王之才』啊！就是他的哥哥——先帝咸豐皇帝也不如他。」

我問道：「怪了，那當年怎不是他作皇帝呢？」那朋友跟我講了一段軼事。據說，當時身為四皇子的奕詝，與身為六皇子的奕訢，兩人都頗有才氣，眼看兩人成為彼此競爭皇位的對手了！這時四皇子奕詝的師傅教了他一計……。每年，中國皇帝都會帶皇子們出外狩獵，在某年春天的皇家狩獵中，允文允武的六皇子奕訢斬獲最多；而四皇子奕詝卻故意什麼獵物都不打，空手而回，他們的父親道光皇帝勃然大怒！

這時，奕詝便依照他師傅之前教他的，說：「皇阿瑪，兒臣看現在正是春天，正是

萬物滋長之時，兒臣著實不忍在此時傷害任何生靈。兒臣寧願受罰，但請皇阿瑪見諒。」這話一出，立時讓道光皇帝另眼相看！奕詝在皇位爭奪的行情上，馬上領先了六皇子奕訢。後來，道光皇帝果然傳位給奕詝，他也就成了後來的咸豐皇帝。那才高八斗的奕訢呢？道光皇帝怕他不服，封了他個「親王」爵位，並號「恭」，其實是要提醒這位有大才的六兒子要記得「兄友弟恭」的傳統美德，不得自恃才高而造反。一個「恭」字，竟暗藏了老父親如此的寓意與叮嚀，中國文字，真是不簡單！

幾天後，我如願地見到了這位「恭親王」，這位傳說中大有「帝王之才」，卻與皇位擦身而過的皇族大員，據說，連太后都敬他三分。果然，這個人氣宇非凡，當天雖有七位大員一起接見我，但我一看，便知哪位是恭親王了！因為他的確是氣質出眾。

　　很可惜，他對基督信仰似乎有著很深的成見，或者該說，曾多次與外國人交涉戰後條約的他，對外國人頗有成見，以致他對我的態度極為輕蔑。在聽我講完我的許多見解後，他竟很不客氣地對我說：「會信你們基督教的中國人，都只是些沒讀過書的人，有什麼好多談的？」其實不是這樣的啊！許多中國的讀書人也信耶穌啊！但恭親王沒讓我多解釋，便起身離開，我心裡難過極了。

　　剎那間，心裡忽然有個聲音對我說：「Timothy，你來中國宣教了這麼久，怎麼連這麼一點小事都處理不好啊？Timothy，你真沒用！」我心頭一凜，那個聲音又繼續對我說：「你簡直笑死人了！今天竟然被人家給這樣當眾漠視，真是丟臉丟到地球的另一邊來了。」

　　頓時，一股羞憤的情緒湧上我的心頭。

「為什麼？我為什麼總是不能成功地向這些人傳福音？」我在心裡這樣問自己，也這樣問上帝。

忽然，又有另一個熟悉的聲音對我說：「孩子，我從來不看你奮鬥的成果，我只看你奮鬥的動機。」啊！就是這個聲音！就是這個熟悉的聲音！這幾年來不知幫助我走過了多少的低潮。那熟悉的聲音又接著說：「我喜歡你這種火熱、單純的事奉動機。孩子，你今天做得很好。」

再看著恭親王遠去的背影，此刻，我心頭的不平與羞憤已散去許多了。這時，與恭親王隨行的大臣中，有一人留了下來，他竟還特別過來跟我講了好幾句話，直誇我剛才講得有理！他名叫「李鴻藻」。這或許是天父的安排，祂了解我這個人的軟弱，不忍心看我太挫折，所以這才感動李大人過來跟我講了那些

話。雖然還是很遺憾，沒能成功地改變恭親王
對基督信仰的看法，但李鴻藻大人的話，卻也
著實讓我覺得寬慰不少。

　　事後想一想，上帝還是為我開路。我在中
國政府裡還是有一些好朋友，像是我的老朋友
康有為，他跟光緒皇帝的關係不錯，也一直很
幫我；朝中大臣曾紀澤還聘請我擔任他的家庭
英文教師；李鴻章、張之洞對我也一直以禮相
待。我已算是很幸運的宣教士了。

恭親王愛新覺羅奕訢

第七章　黑色巨變

那天，梁啓超和譚嗣同來找我，告訴我這一切的事，並告訴我朝廷已經下達了對他們的逮捕令。我非常震驚！

在中國，我跟康有為先生一直很談得來，我很認同他扶植清皇室茁壯、現代化，使之成為如英、日等國君主立憲國家之遠景！康有為和當時中國的光緒皇帝走得很近，光緒皇帝是一位很有心要對歷史負責的皇帝，他也很喜歡康有為的想法。很快地，他們形成了一股勢力，在當時許多人稱之為「維新黨」，因為他們自許要從事「維新運動」。

維新運動的當下，康有為曾問了我許多有關西方國家制度的問題，並推薦我出任光緒皇帝的顧問。有旁人提醒我：「一個神職人員跟宮廷政治走得那麼近，好嗎？」這當然好啊！

如果我能領君主接受福音，未來將會有更多的中國人願意接受這份信仰。這也是當年利瑪竇、郎世寧等人所用的宣教策略。

我有心幫助康有為的「維新運動」。當時我人在北京，需要一位臨時祕書，一日，康有為對我說：「我有一個學生非常優秀，他聽說李教士您有聘臨時祕書的打算，很有興趣來擔任這個職務。」

我問：「請問那是一個怎麼樣的年輕人？」

康有為說：「他的名字叫『梁啟超』，極有才華，著作甚多。不知李教士您認為如何？」

我一聽，高興都來不及了！便馬上接受了這個安排。

　　梁啟超的確是個極有才幹的年輕人，我很喜歡他。之後，他還在上海自己辦了一份《時務報》，他的文筆非常傑出，一點也不八流於股；由於他的筆觸非常通俗，通俗到連一般老百姓都看得懂，使得他所辦的《時務報》大受歡迎。

　　後來，我和他們在「維新運動」的籌劃過程中，討論出一項對未來國家政策的共識——**保護基督教傳教自由**。我非常期盼「**保護基督教傳教自由**」這項共識能成為未來中國政府的政策。

　　很快，維新運動得到了許多人的迴響！除了康有為、梁啟超之外，還有孫家鼎、譚嗣同等人，在光緒皇帝的支持之下，「維新黨」的氣勢越來越大、越來越大。

　　一切看似如此順利、平靜。

　　然而，中國的宮廷政治瞬息萬變，我萬萬沒有想到朝中的局勢竟變化得如此之快！守舊派不願見到維新派掌握大權，拱出慈禧太后，把光緒皇帝給軟禁了起來，有幾個維新要角甚至掉了腦袋！整個朝廷瀰漫著一股肅殺之氣，「維新運動」也立時告吹。

　　那天，梁啟超和譚嗣同來找我，告訴我這一切的事，並告訴我朝廷已經下達了對他們的逮捕令。我非常震驚！與我過從甚密的好朋友康有為，因為在第一時間得到光緒皇帝的通風報信，已逃到歐洲去尋求庇護了。

　　晚上，我的夥伴來對我說：「李教士，避一避吧！」我聽了有些訝異，他接著說：「李教士，恕我直說，您跟『維新黨』走得太近了，難保太后不會對您動手，回英國去避避風頭吧！快走吧！」

　　我心想，他講的話也確實有道理，我心裡掙扎著：「可是，我這一走，『廣學會』的各項文字事工該怎麼辦呢？但如果不走，確實可能有生命危險。」幾經思慮後，我決定要先回英國，視情況再考慮回中國；我也知道，我與維新派走得太近，我這一走，很可能再也回不來了！

　　那天晚上，我做了一個「夢」，那是一個熟悉的場景。我夢見耶穌在客西馬尼園裡，加略人猶大帶著一群兵丁要來抓祂，彼得抽出刀來「咻！」地一聲砍下了一個兵丁的耳朵，回頭對耶穌大喊著：「主啊！快走吧！」然而，耶穌沒有走，夢中耶穌的表情，彷彿在說：「我要留下來完成天父所託付的使命⋯⋯。」

　　我猛然醒起，整個人從床上驚坐了起來，出了一身的冷汗！剛才的夢，是那麼樣地鮮活⋯⋯。我哭著向主禱告說：「主啊！如果祢

當年在客西馬尼園沒有逃走，我今天又怎麼能
走呢？如果祢在客西馬尼園為了世人的救恩選
擇犧牲，那麼，今天我李提摩太也願意選擇犧
牲。」那一夜，我沒有睡，但卻感覺到出奇地
平安。

　　後來，慈禧太后因著軟禁皇帝遭致極大的
批評聲浪，只得讓光緒皇帝「復職」；但不一
樣的是，大權從此被緊緊抓在太后的手中，光
緒成了沒有實權的傀儡皇帝。整場風暴中，梁
啟超也選擇先出國避風頭，而譚嗣同等人則堅
持不走，最後被捕，並在菜市口被處斬。我深
感遺憾。

維新運動重要成員（左起）：康有為、譚嗣同、梁啟超

第八章 興學、歸家

我得到了一個意外的「禮物」，清朝政府竟賜給我
這個英國人「頭品頂戴」……。

感謝主！我選擇留在中國之後，以太后為
主的執政勢力沒有將我列為清除的對象，或許
是他們不想間接得罪英國政府。但我的處境似
乎也沒有就此變得安全，因為沒過多久，我又
經歷了另一場令我鼻酸的巨變。

當時，中國一群激進分子組織起來，號稱
「義和團」，四處攻擊中國境內的西方人，到
後來甚至四處擊殺神職人員、燒教堂！人人都
說，太后有意縱容這些事。那一陣子，各地都
有基督教傳道同工被殺，整起事變下來，總計
有二百四十多名西方宣教士，以及兩萬多名的
中國基督徒死亡。

這可怕的風潮沒有持續太久,以歐洲為主的八個國家,便組成了聯合軍隊,渡海來把中國人給打得落花流水!這又是另一場血腥的衝突,各國一方面是要保護自己在中國的國人,但另一方面,則是要向中國政府要好處!戰爭,又讓許多無辜的中國百姓受害。我憎惡這種戰爭、屠殺的行為,憎惡不已!後來,戰敗的中國政府不得不賠各國鉅款。

1901 年,事件平息以後,我嘗試著請求各國政府把一部分的中國賠款,拿出來在山西等地創辦大學。原因很簡單,為什麼中國會出現「義和團」這種無知的組織?就是因為大部分中國人的教育水準太差了,沒有智識,所以容易被膚淺的言論所煽動。如果教育能普及,就能減少類似的仇洋衝突了。

於是,1902 年,我和山西巡撫岑春煊共同開辦了「山西大學堂」,除了期待提高中國

人的智識水平之外，我心中更是希望能藉由高
等教育，讓更多知識分子接觸西方文化，進而
接觸基督信仰。

許多宣教士建議我，該把這學校改為一所
實質的「基督教大學」，我卻不以為然。我認
為可以用基督教的精神辦學，讓學子們潛移默
化、心上慢慢軟化，但直接用規定來拉人入
教，恐怕要令人反感了，這將是大家所不樂見
的。

這期間，我致力於山西大學堂的教育工
作，並仍舊擔任廣學會總幹事一職，努力用文
字來影響華人社會。我的工作雖然繁重，卻讓
我感到非常有意義。一年之後，我得到了一個
意外的「禮物」，清朝政府竟賜給我這個英國
人「頭品頂戴」，而且准許這個頭銜可以在我
家族裡世襲三代。我很高興，高興的不是這個
頭銜，而是對中國人從一開始的排斥我，慢慢

到後來終能肯定我的信仰與行事，感到無比的欣慰。那一年，是 1903 年。

1903 年的某日，我心裡忽然又閃過了一些念頭：

「Timothy，你真棒！就是當年的利瑪竇、郎世寧也沒有你這樣的成就。

「你看看那個『戴德生』，他跟你年紀差不多，也差不多時間來到中國，但這幾年下來，中國可沒人頒給他什麼『頭品頂戴』啊！只有你，Timothy Richard 才是宣教士之首！才配稱宣教士楷模！

「你的書與報紙能影響眾人，世上有幾個基督徒能像你這樣？」

想到這些，不免心頭樂陶陶的，想一想，

這些年來，上帝真是很恩待、賜福我。忽然間，我的腦筋像是被什麼東西給點到了似的，一股愧疚與罪惡感升上心頭：「主啊！求祢赦免我的軟弱，求祢幫助我不要驕傲。求祢幫助我，不讓這些賜福成為我的試探。」我在心中不斷這樣默禱著。我不希望我這些屬世的成就，反而讓我驕傲、讓我遠離神；我不希望我這些屬世的成就，反而淡化了我對宣教的熱情與初衷。

1905 年 7 月，我回到英國，去倫敦參加了「浸信會世界大會」，我還被推舉為該會總委員會的委員之一。在大會中，我報告了許多中國宣教的現況，以及我所做的文字事工。會後，一位女士前來對我說：

「李教士，您的簡報我聽了很感動，特別是您『文字宣教』的那部分！但中文到底不是您我的母語，我決定贊助更多的經費給翻

譯者，讓他們將更多您的著作翻譯成中文，好在中國發展更多的文字事工。」這位女士一直讓我感念在心，因為，一直到她過世的那年為止，她都如其承諾地提供資助，支持我的文字事工。這真是上帝為我準備的天使。

幾年以後，清朝政府被推翻了，取而代之的，是由那位也是基督徒的孫逸仙先生所創建的「中華民國」。這個時候的我也老了，身體狀況已遠不如當年。後來，因著身體因素，我不得不辭去「廣學會總幹事」一職，就此返回英國休養，離開了這個我奉獻了四十五年的國度。

回國後，我祖國的威爾斯大學又頒授我法學與哲學的榮譽博士學位，但我的身體狀況卻也開始每況愈下。

最近，我常覺得胸口悶痛，呼吸越來越費

力，我感覺到，主似乎快要接我回天家了。我不知道我還能活多久，但我此生以身為一個基督徒為榮；以我一個英國人能順利地在中國用文字來宣教，而感到無比的欣慰。我愛中國，愛那個我奉獻了整整四十五年的東方國度。

現在是主後 1919 年，我看著窗外，中國那邊有八小時的時差，不知道「廣學會」那邊的同工們現在正在做什麼？現在那邊的文字出版工作一切都還順利嗎？

雖然我不知我還能夠活多久，但我相信，往後，上帝還會興起更多宣教士去為全世界的華人奉獻自己，也還會興起更多基督徒作家、文字工作者，讓他們的作品成為整個華人世界的祝福！

這是我一生的故事。我──李提摩太，一個蒙恩的罪人，一個大部分時間都待在中國的英國人。

李提摩太攝於山西大學堂

| 後 記 |

兩種路線:「李提摩太路線」與 「戴德生路線」

後來,李提摩太博士在 1919 年榮歸天家,事實上,在他過世的那一年,他還曾想要再回到中國,想再回到那個他所熱愛的東方國度繼續宣教,但終因身體不適而取消行程。該年的 4 月 17 日,這位年逾七旬的英籍宣教士便息了在世上的勞苦,回到天父的懷抱裡。他在中國四十五年,曾經被他的生命與文字所影響的人,多得不計其數。

李提摩太當時的同工蘇特爾,日後即曾在《李提摩太傳》一書中這樣描述:「在中國有許多士紳、百姓喜愛李博士,並感念他四十多年來的付出,聞訊皆難過不已。如果那時李博士的喪禮在中國舉行,一定會是極為盛大的場面。」

雖然，李提摩太已離開了近百年的時間，然而，他於清末所主持的「廣學會」，一直到今天都還存在！只不過改了個名字，叫「基督教文藝出版社」，會址設在香港，是一家二十一世紀的許多基督徒仍耳熟能詳的出版社，其出版品在港、台教會界仍頗具影響力。

至於他所創辦的「山西大學堂」，也就是今天的「山西大學」，已成為中國華北最有影響力的大學之一！一直到今天，山西大學的網頁上，仍尊李提摩太為「創辦人」；在山西大學的校園內，還可以見到李提摩太這位英籍宣教士的半身塑像。

當然，歷史上、教會界，也有人對李提摩太的部分作為表示不同的意見：有人覺得他的某些思想、作風太過自由；亦有人覺得李提摩太後期所採用的宣教策略雖能有效地號召讀書人、知識分子，但這樣的宣教策略對於教育水平較低的民眾則顯得不夠草根性。然而，唯一

山西大學校內的李提摩太雕像

不能否認的是，李提摩太是一位傑出的「文字宣教士」，他善用文字的力量來影響華人社會！這一方面的成就，清末來華的宣教士中，無人能及。甚至台灣的「中華基督教文字協會」，一度還曾成立了「李提學院」，專門用來提供文字事奉者進修、研訓，但該學院後來因故沒有繼續運作下去。而當初其院名「李提」二字，即是取材自李提摩太名字的中文簡寫，足見李提摩太所留下的身教，仍被許多後輩視為榜樣。

後世曾有學者將晚清的宣教路線粗分為「李提摩太路線」與「戴德生路線」兩種：所謂的「李提摩太路線」乃指李提摩太後期所採用的宣教策略，注重運用文化、文字、書籍、媒體來改變社會人心，進而進行廣泛性的宣教與鬆土；而「戴德生路線」則較注重委身於牧會、植堂，這也是過去以來多數華人神學院在培訓牧者時，所較為推崇、灌輸的事奉觀念。

　　事實上，這兩種宣教路線都同等重要！這兩條路線絕對不是衝突、相斥的，而是可以相輔相成、分進合擊的，是以這兩種路線都需要有人去實踐。特別是在這個資訊爆炸的二十一世紀，一百多年前「李提摩太路線」所展現出的宏偉格局與視野，實在值得現代的基督徒多多深思、玩味之。

　　當然，宣教、事奉神絕對不只是牧師、傳道人的事，神學家馬丁路德即曾提倡「信徒皆祭司」的概念，每一個信徒，都可以是生活中的宣教士、事奉者。至於在我們宣教、事奉時，究竟該選擇採用「李提摩太路線」還是「戴德生路線」？沒有好壞、優劣，更沒有對錯，端看聖靈放在每個人心中的感動。

　　李提摩太 1870 年抵達中國，距今已是一百四十年前的事了！他當年的「雄心」，以及他當年的「報紙膽」，為華人社會帶來了許多的祝福；然而，時過境遷，如今「李提摩

太」這個名字對許多基督徒而言，卻已是如此地陌生。相對於《聖經》中的某些大先知，李提摩太也許稱不上是什麼聖人、偉人，但他畢竟肯來華犧牲奉獻了整整四十五個年頭，這樣的心志實在令人動容！如果您要我簡單、中肯、客觀地評價李提摩太這個人，我會這樣說：

「李提摩太，

一個有遠見的文字宣教士，

一個值得您留在腦海中的名字。」

僅以本書紀念李提摩太來華宣教一百四十週年！

施以諾

2010 年筆於台灣台北市

作者按：本書以歷史資料為藍本而寫成，並依史料去「揣摩」李提摩太的情緒，以類小說筆法融入了一些「內心戲」；但書中所提到的事件、人物、年分均為考證過後之歷史資料，資料來源為兩岸三地之相關書籍著作、學術論文。

┃參考文獻┃

王一普（2009）。試析李提摩太的傳教策略及其特點。歷史教學，2009(10)，91-96。

李海紅（2006）。試析李提摩太的基督教思想——以其在《萬國公報》上的言論為例。安徽史學，2006(6)，48-51。

李靈（2009）。風雲際會話「兩士」。恩福，9(3)，8-10。

高鵬程、池子華（2006）。李提摩太在「丁戊奇荒」時期的賑災活動。社會科學，2006(11)，132-138。

恩福文化宣教使團譯（2009）。如何幫助中國才好？兩位宣教巨人的比較（上）。恩福，9(2)，11-13。

陳啟雲、宋鷗（2006）。梁啟超與清末西方傳教士之互動研究——傳教士對於維新派影響的個案分析。史學集刊，2006(4)，79-96。

陶飛亞（2008）。教會防範教案：甲午戰後新教傳教士集體上疏清廷考。上海大學學報，15(6)，104-111。

劉中猛（2007）。論李提摩太的教育思想。淮陰師範學院學報，29(4)，499-501。

蘇特爾著（1957）。李提摩太傳。香港：基督教文藝出版社出版。

蘇慧廉著（2007）。李提摩太在中國。桂林：廣西師範大學出版社出版。

|附 錄|

站在李提摩太的肩膀上：
李提摩太留給二十一世紀的省思

李提摩太來華宣教已是一百多年前的事了！雖然他絕對不是什麼「聖人」，但省思他生平的某些作為，可以增加我們生命的高度。

物理學家牛頓曾講過一句話：「我能有今天的成就，並不是我本身有多了不起，而是我站在巨人的肩膀上。」這或許是他的自謙，但也說明了他是一個懂得擷取先賢智慧的人。

李提摩太，一個值得您去瞭解的「巨人」！讓我們一同「站在李提摩太的肩膀上」，增加屬靈生命的視野與高度。

以下有幾個題目，歡迎您在您教會中的小組或讀書會中討論之。

省思 1 —— 作一個有「夢」的人

李提摩太是一個有「夢」的人,他的夢就是去中國宣教。您,也有您的「夢」嗎?您又是怎麼樣找到、實踐您的「夢」?還是您常會覺得找不到人生努力的方向與價值?願否和大家分享一下?

省思 2 —— 面對那些排斥你的人

李提摩太來華共四十五年。他剛來華時,曾被中國鄉民仇視;但當他要離開時,中國境內卻有許多人喜愛他,朝廷甚至還頒給了他「頭品頂戴」。對照他當年被鄉民在家門上潑糞、驅趕,個中轉折可說是滿有上帝的恩典。

在您的生命中,有沒有誰曾經很排斥、敵視您,但後來因著上帝的恩典而化敵為友的奇妙經驗?

省思 3 —— 李提摩太的「宣教尺度」

在某些人眼中,李提摩太的「宣教尺度」實在
太大!例如:許多基督徒很忌憚廟宇,他卻進入廟
裡住了一個月,為的是去與和尚們談「天」;據文
獻記載,他還曾穿著道袍,去向道士們談「道」。

真要講起來,李提摩太的「音樂事工」也同
樣地夠大膽!為了配合當地文化,他「膽敢」把那
些寺廟裡為信眾所熟悉的旋律記下來,回來配上基
督教的歌詞,改寫成基督教的讚美詩來教導眾人吟
唱。

對照當時一般來華宣教士們對華人的佛、道、
寺廟文化採取「全面切割」的態度,李提摩太的
宣教策略顯得迥然不同。當時有些宣教士對李提摩
太的這種「大膽」行徑,感到詫異且反感。您認為
呢?您能接受他的這種宣教方式與作風嗎?《聖
經》上有沒有什麼論述可以支持您的觀點?

🌿 省思 4 ────── 教堂以外的服事

許多人一想到「服事」、「事奉」，就會把它們直接等同於「在教堂裡參與活動」、「做教堂裡的事工」。甚至許多人在形容「某某弟兄／姊妹很愛主」時，所評判的依據完全是「他／她在教堂裡所付出之時間的多寡」，這的確可被視為是一種愛主的表現，然而，服事、事奉絕不是僅限於您我所聚會的教堂裡，畢竟穹蒼都是祂的帳幕。

當年，李提摩太就從事了許多「教堂以外的服事」，包括全國性的文字事工、寫書、施藥……等等，且樣樣盡心盡力，足見他那顆愛神、愛人的心。

上帝創造每一個人，都一定有其存在的價值。想一想，有哪些「教堂裡的服事」是您可以參與的？有哪些「教堂以外的服事」是您平日可以做的？上帝給您個人的事奉異象在哪裡？值得深思。

省思 5 ──────── 一個「時髦」的事奉方式

當年，李提摩太相當看重、善用他《萬國公報》、《時報》的文字事奉。在晚清以前，中國是沒有報紙的。報紙對於當時的中國人民而言，可說相當新鮮，算是一種時尚的產物，李提摩太也善用這種中國人眼中新鮮、時尚的產物來宣教。

進入二十一世紀以後，紙本以外的文字載具更多元了！我敢說，以李提摩太向來「時髦」的宣教思維，他若活在二十一世紀，一定會是個善用 Blog、電子報、Facebook……等新鮮、時尚的網路工具來從事文字宣教的人！

現代每一個人幾乎都有 Blog、Facebook，這些都是可以免費申請的網誌。您覺得，您可以怎麼樣利用您的 Blog、電子報、Facebook……，來向您的網友分享福音的好處？

🐝 省思 6 ———— 二十一世紀的「文字宣教士」

李提摩太雖已過世，但他生前著書、譯書、出版……，造福了許多人。其實，二十一世紀也有許多這樣的「文字宣教士」，在各個出版社、報社、書房任職，他們的文字工作也可能拯救許多人的靈魂。據說，年少的戴德生，就是因著一張福音單張而徹底改變了他的生命。

我們很容易會注意到「非洲的宣教士」，我們會盡力希望他們過得更好，做得更好；但在都市叢林裡默默無聲的「文字宣教士」（編輯、記者、福音書店門市同工……）卻常被人忽視其重要性。在基督教歷史上，文字事奉一直是很重要的一環，甚至大大影響了人類的歷史。

想一想，在二十一世紀，您可以怎樣支持這些都市叢林裡的「文字宣教士」？

省思 7 ——————政教分立？政教合一？

「神職人員該參加政治活動嗎？」「神職人員
參加政治活動的界限與分寸在哪裡？」此類的問題
一直被人們討論著。在台灣，即曾有人在《基督教
論壇報》以〈請牧者勿穿牧師服參與政黨遊行〉為
題投書，激盪出不小的迴響與討論。

李提摩太的著作在晚清時影響朝野甚大，他
與李鴻章、張之洞、康有為等人都往來甚密，對晚
清的政局也參與甚多！無疑地，李提摩太與政府官
員的往來，乃至某些政策的參與，遠多於大多數清
末來華的宣教士們，這也讓他被後人質疑參與過多
的政治活動。您覺得一個神職人員應該這樣做嗎？
神職人員、教會參與政治活動的尺度與原則應在哪
裡？《聖經》上有沒有什麼論述可以支持您的觀
點？

❧ 省思 8 ──────── 當「夢想」與「家人」之間產生矛盾？

在查考李提摩太的歷史資料時，我發現李提摩太有一個很「幸運」的部分，就是他的家人、太太基本上都還算支持、尊重他的「夢」。如果不是這樣，他未必能如此放開手去做，則今天在歷史上李提摩太還能否留下這諸多作為，也許就會是個未知數。

每個人都有「夢」，如果今天您的家人不支持您的夢，您該怎麼辦？您會怎麼抉擇？《聖經》上有沒有什麼論述、案例可以支持您的觀點？

【好書推薦】

內在三圍：頭圍、胸圍、肚圍

70個助您提升價值的人生觀

定價199元

透過 70 篇勵志小品，
湯清文藝獎得主施以諾與您分享，
追求內在三圍，
活出屬靈生命的美好！

用來傳福音、小組分享、贈送慕道友的最佳禮物

「海角七號」導演	魏德聖	新店行道會主任牧師	張茂松
更生團契駐監傳道	陳正修	節目主持人馬嫂 Juby	郭美珒
節目主持人、作家	馬度芸	台灣神學院助理教授	莊信德
衛理女中校長	梅瑞珊	統一星巴克總經理	徐光宇
馬偕醫院董事長	林建德	三立電視台新聞主播	李晶玉
暨南大學資工系教授	李家同	高雄市立空大校長	吳英明
佳音電台台長	呂思瑜	輔仁大學副校長	江漢聲

—— 熱烈推薦

主流出版

所謂主流，是主流，是主的潮流，更是閱讀的主流。

主流出版 旨在從事鬆土工作 ——

希冀福音的種子撒在好土上，
讓主流出版的叢書成為福音與讀者之間的橋樑；
希冀每一本精心編輯的書籍能豐富更多人的身心靈，
因而吸引更多人認識上帝的愛。

徵 稿 啟 事

主流歡迎你投稿，勵志、身心靈保健、基督教入門、婚姻家庭、
靈性生活、基督教文藝、基督教倫理與當代議題等題材，尤其歡迎！
來稿請e-mail至lord.way@msa.hinet.net，
或郵寄至 23199 新店郵局第20-85號信箱，主流出版有限公司編輯部。
審稿期約一個月左右，錄用者我們將另行通知，若一個月後等無通知，
歡迎投稿至其他出版社。

團 購 服 務

學校、機關、團體大量採購，享有專屬優惠。
購書五百元以上免郵資。
訂購專線：(02) 2910-8729　傳真：(02) 2910-2601
劃撥帳戶：主流出版有限公司　劃撥帳號：50027271

主流網路書店：http://store.pchome.com.tw/lordway/

主流人物系列 2

李提摩太的雄心報紙膽

作　　者：施以諾
編　　輯：洪懿諄
封面設計：張杏茹

發 行 人：鄭超睿
出版發行：主流出版有限公司 Lordway Publishing Co. Ltd.
出 版 部：台北市南京東路五段123巷4弄24號2樓
發 行 部：宜蘭縣宜蘭市縣民大道二段876號
電　　話：(03) 937-1001
傳　　真：(03) 937-1007
電子信箱：lord.way@msa.hinet.net
郵撥帳號：50027271
網　　址：http://mypaper.pchome.com.tw/news/lordway/

經　　銷
紅螞蟻圖書有限公司
台北市內湖區舊宗路二段121巷28號4樓
電話：(02) 2795-3656　傳真：(02) 2795-4100

以琳發展有限公司
香港九龍灣啟祥道22號開達大廈7樓A室
電話：(852) 2838-6652　傳真：(852) 2838-7970

Christian Communications Inc.of USA
9600 Bellaire Blvd., Suite 111, Houston, TX 77036-4534, USA
Tel: (1) 713-778-1144　Fax: (1) 713-778-1180

國家圖書館出版品預行編目資料

李提摩太的雄心報紙膽：紀念李提摩太來華
宣教一百四十週年 / 施以諾著. -- 初版. --
臺北縣新店市：主流, 2010.04
　面；　公分. --（主流人物系列；2）
參考書目：　　面

ISBN 978-986-85212-6-1（精裝）

1 李提摩太　2 基督教傳記
249.941　　　　　　　　　　　　99001947